시 읽는 어린이 141

칭찬해 주세요

2023년 8월 21일 1판 1쇄 인쇄 / 2023년 9월 5일 1판 1쇄 발행

지은이 최진 / 펴낸이 임은주
펴낸곳 청개구리 / 출판등록 2003년 10월 1일 제2023-000033호
주소 (12284) 경기도 남양주시 다산지금로 202 (현대 테라타워 DIMC) B동 3층 17호
전화 031) 560-9810 / 팩스 031) 560-9811(편집부) 070-7614-2303(주문 전용)
전자우편 treefrog2003@hanmail.net / 네이버블로그 청개구리출판사
전자우편 treefrog2003@hanmail.net
블로그 blog.naver.com / chgaeguri(네이버블로그) / 청개구리출판사)
인스타그램 treefrog_books

북디자인 서강 / 일러스트 김혜영
출력 우일프린테크 / 인쇄 하정문화사 / 제책 책다움

책값은 뒤표지에 있습니다.
잘못 만들어진 책은 바꾸어 드립니다.
지은이와의 협의에 의해 인지를 붙이지 않습니다.
이 책의 내용을 재사용하려면 반드시 저작권자와 청개구리출판사의 허락을 받아야 합니다.
ⓒ 2023 최진, 김혜영

Please compliment me
Written by Choi Jin.
Illustrations by Kim Hyeyoung.
Text Copyright ⓒ 2023 Choi Jin.
Illustrations Copyright ⓒ 2023 Kim Hyeyoung.
All rights reserved.
First published in Korea in 2023 by CHEONGGAEGURI Publishing Co.
Printed in Korea.

ISBN 979-11-6252-091-8 (74810)
ISBN 978-89-97335-21-3 (세트)

● KC마크는 공통안전기준에 적합하였음을 의미합니다.
● 이 책은 친환경 재생용지를 사용해 제작하였습니다.

이 책은 2023 대구문화예술진흥원 문학작품집 발간사업의 지원으로 발간되었습니다.

시 읽는 어린이 141

칭찬해 주세요

최진 동시집 • 김혜영 그림

청개구리

시인의 말

마음에는 놀라운 힘이 있습니다.
나도 모르는 위대한 힘이 마음에 있습니다.
그 놀랍고도 위대한 힘은 칭찬받았을 때 발휘됩니다.

책임과 의무를 먼저 배우는 아이들보다
칭찬을 많이 받는 아이들이 자존감이 더 높습니다.

나무와 꽃들이 따스한 햇살과 적당한 비로 자라나듯
아이들도 사랑이라는 햇살과 칭찬이라는 비로 무럭무럭 자라납니다.
칭찬과 격려로 살 만한 세상임을 알게 했으면 좋겠습니다.
그러면 지금보다 훨씬 더 평화롭고 아름다운 세상이 될 것입니다.

고래도 춤춘다는 칭찬,
칭찬은 사랑받고 존중받는다는 믿음을 갖게 합니다.
그 믿음으로 아이들은 예쁘게 꿈을 꿉니다
아이들이 꿈꾸는 행복한 세상을 위해
세 번째 동시집 『칭찬해 주세요』를 세상에 내놓습니다.

2023년 여름
최진

차례

시인의 말 • 4

제1부 봄바람 그네

봄바람 그네 • 12
보슬비 • 13
봄날의 낚시 • 14
바쁘다 • 16
꽃종 • 17
여우비 • 18
강아지 숨결 따라 오는 봄 • 20
열대야 • 21
더운 날 • 22
매미 소리 • 24
여름날 저녁 • 25
오리 • 26
날이 저무는데 • 28
억새 • 29

제2부 포클레인 방아

지퍼 • 32
우리 동네 아파트 • 33
아파트 꽃 • 34
포클레인 방아 • 36
뿔 • 37
까맣게 물든다 • 38
함부로 밟지 마 • 40
단짝 • 41
빈집 손님 • 42
나무의자 • 44
그림자 • 45
책 • 46
새해 첫날 • 48
산 계단 • 49
과일 등 • 50
새싹 • 52
백일기도 • 53
수저 값 • 54
단비 • 55

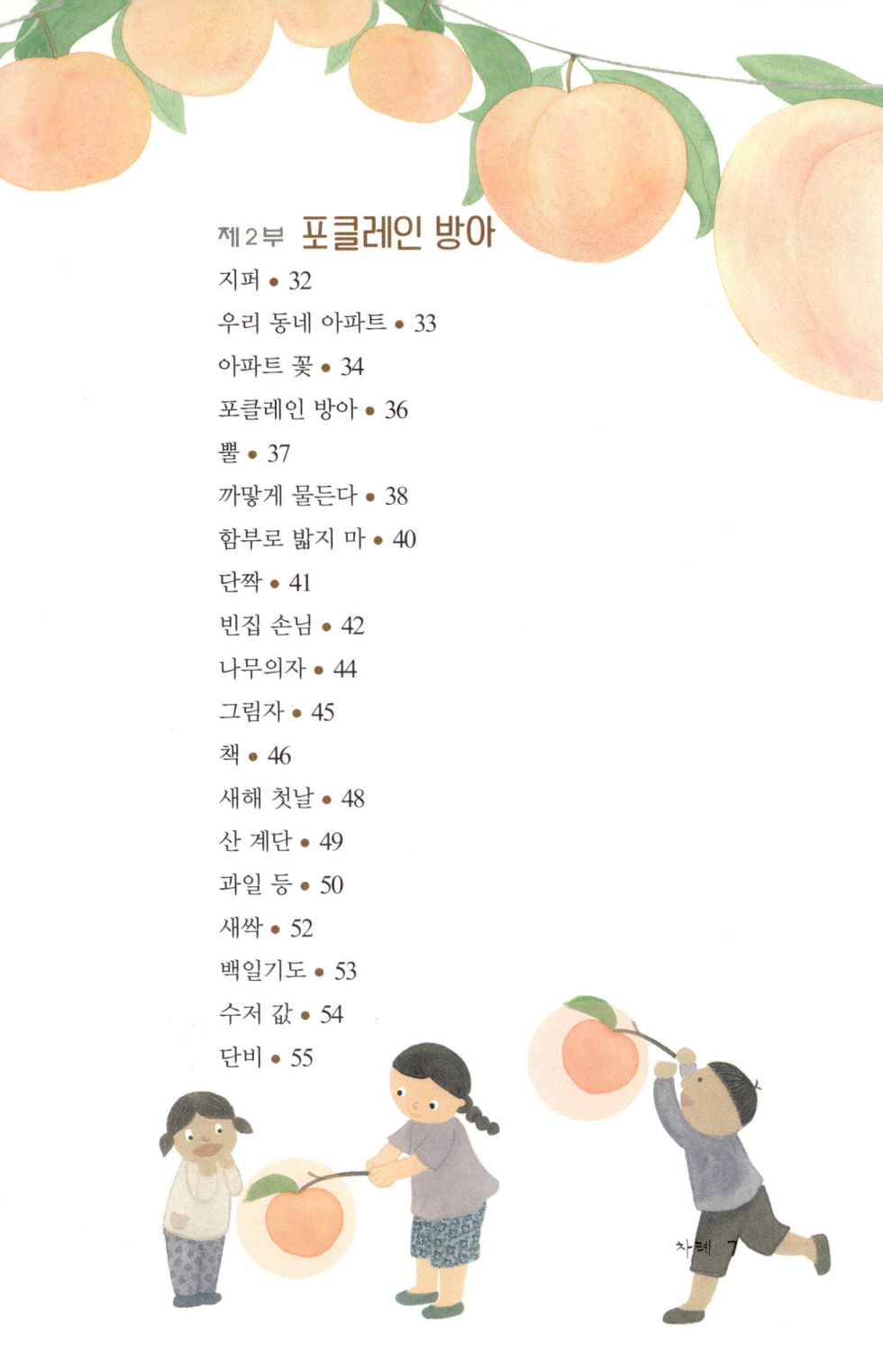

제3부 주문 좀 걸어 줘

개기월식 • 58
남을 위해서 • 59
키 크는 이불 • 60
민달팽이 • 62
기적 • 63
가을 참깨 • 64
충전과 정전 • 66
웃음꽃 • 67
마스크 벗는 그날에는 • 68
참으려고 했는데 • 70
저녁녘 • 71
주문 좀 걸어 줘 • 72
쑥 때문에 • 74
기다리고 있었네 • 75
전학 간 친구 • 78
백신 • 79

제4부 칭찬해 주세요

저것 봐 • 82
아빠 말, 엄마 말 • 83
칭찬해 주세요 • 84
새롭고 다르게 • 86
모래놀이 시간 • 88
자동문 • 90
집짓기 놀이 • 91
호기심 • 92
강아지야 • 94
가위로 • 95
릴레이 그늘 • 96
숨구멍 • 98
대웅전 문구멍 • 99
풍경에게 • 100
줄넘기 시간 • 102
키즈 카페 • 103
빈 의자 • 104

재미있는 동시 이야기
동심으로 녹여낸 삶의 노래_홍기 • 106

1부

봄바람 그네

봄바람 그네 | 보슬비 | 봄날의 낚시 | 바쁘다 | 꽃종 | 여우비
강아지 숨결 따라 오는 봄 | 열대야 | 더운 날 | 매미 소리
여름날 저녁 | 오리 | 날이 저무는데 | 억새

봄바람 그네

살랑살랑
햇살이 타고

흔들흔들
나비도 타고

봄바람은
그네예요

싱숭생숭 내 마음도
둥둥 태우는

보슬비

어린 새싹들

다칠까
봐

보슬보슬 꽃발로

내리는
비.

봄날의 낚시

―팝팝팝!

꽃망울 터뜨려
예쁜 꽃 미끼 내걸면

―줄줄줄!

꽃 미끼를 문 사람들이
줄줄이 나오지요.

바쁘다

이곳,
저곳,

꽃향기 배달하는
봄바람

꽃 종

아카시아나무가
봉봉봉봉

꽃 종을
치면

꿀벌들도
잉잉잉잉

꽃 종을
치네.

여우비

억울했니?
고자질 당한 나처럼

속상했니?
야단맞은 나처럼

그래서
눈물 찔끔
흘린 거니?

★여우비: 맑은 날 살짝 뿌리다 어느새 사라지는 비.

강아지 숨결 따라 오는 봄

네 다리 가지런히 뻗고 누워
아랫배 볼록볼록
숨 쉬는 강아지,

졸음에 겨운 눈동자 위로
소리 없이 쌓이는
따순 봄 숨결.

열대야

나갔다, 들어왔다

이리 뒤척, 저리 뒤척

잠도 잠을 잃는다.

더운 날

바람 한 점 없는 하늘에
새 한 마리 날아가네.

땀 흘리는 농부
눈에 띈 걸까?

파닥파닥
두 날개

부채질하며
가네.

매미 소리

늦여름 숲에 쏟아지는
소리 소나기.

―쏴아
―쏴아
―쏴아

종일 맞아도 젖지 않는
소리 소나기.

여름날 저녁

개망초가 깔아 놓은 하얀 카펫을
바람이 다림질하며
달려갑니다.

발갛게 볼 붉힌 저녁노을이
카펫 위로 사뿐사뿐
내려앉습니다.

오리

어디서
날아왔을까?

오리 두 마리

호수 위를
떠다니네.

둥실둥실 배가 되어.

날이 저무는데

두 다리를 냇물에 담근 채
고기 잡는
해오라기 어부.

오늘은 빈손으로
물속만 살피고 있다.

어스름도
그 모습이
안쓰러운 걸까?

얼른 내려앉지 못하고
주춤, 주춤
머뭇거리고 있다.

억새

쉰 목소리로

<u>스스스스</u>
시시시시

몰래 우는 새.

늦가을이 아쉬워

<u>스스스스</u>
시시시시

슬피 우는 새.

2부

포클레인 방아

지퍼 | 우리 동네 아파트 | 아파트 꽃 | 포클레인 방아 | 뿔
까맣게 물든다 | 함부로 밟지 마 | 단짝 | 빈집 손님 | 나무의자
그림자 | 책 | 새해 첫날 | 산 계단 | 과일 등 | 새싹 | 백일기도
수저 값 | 단비

지퍼

둘이
한마음이 되어야 해요.

열 때도
한마음

닫을 때도
한마음.

우리 동네 아파트

쏙쏙 잘도 돋네.
봄날
새싹처럼

쑥쑥 잘도 크네.
층층
대나무처럼

아파트 꽃

눈부시게 피는 꽃이야
밤에만 피는

한 층
한 층
또 한 층……

반짝반짝 피는 꽃이야
허공에서만 피는.

포클레인 방아

콩콩콩!
앞산이 방아를 찧고

콩콩콩!
뒷산도 방아를 찧고

콩콩콩!
땅 파는 포크레인 따라

콩콩콩!
온 마을이 방아를 찧네.

뿔

겉으로 보이는 도깨비 뿔은 무섭지 않아.
정말 무서운 건 사람 뿔이야.

보이지 않는 마음속에서 작게 돋아나지만
놔두면 무럭무럭 자라 엄청난 뿔이 되지.

작은 가지나 잎을 들이받던 뿔.
맙소사!
나중엔 기둥을 들이박고 뿌리까지 뽑아내는 뿔이 되고 말지.

까맣게 물든다

치렁치렁
담장 앞 머루포도

한 알 또 한 알
따먹는 고사리 손들

까맣게 물드는
입 언저리에

몽글몽글 익어 가는
여름 햇살.

함부로 밟지 마

산에 오를 땐
작은 돌멩이를
조심해야 해.

너를 넘어뜨리는 건
커다란 바위가
아니야.

바로 그
작은
돌멩이야.

단짝

보면
좋
고

곁에 있으면
더
좋
고.

빈집 손님

누가 다녀갔는지
금세 알려 주지

눈 오는 날
마당 숫눈길

콕콕콕
얌전히 찍혀 있는

참새 발자국.

나무의자

나무로 섰을 때
몸 흔들던
버릇이

의자 속에서도
살아나
흔들거린다.

뼈걱—
삐걱—

마른
뼈마디가
쑤시나 보다.

그림자

1.

해님만 보면
등 뒤로 숨네.

은솔이만 보면 돌아서는
나처럼.

2.

어딜 가나
나를 찍어 대는

신기한
흑백사진.

책

내가 가야 할 길
보여주는

마음의
내비게이션.

새해 첫날

1월 1일!

똑같은 하루였던 어제를
뚝 잘라 작년으로 떠밀어 버렸다.

그리고
나이 한 살을 더 얹어 주었다.

더 착하게 자라라고
더 지혜롭게 자라라고.

산 계단

계단 하나, 계단 둘, 계단 셋, 계단 넷…….

땀 한 방울, 땀 두 방울, 땀 세 방울, 땀 네 방울…….

포기하지 마!

넌 지금

위로, 위로 올라가고 있는 거야.

과일 등

밝은 햇빛 모으고 모아

환한 햇빛 쌓고 쌓아

가지마다 환한 등 매달고 있네.

복숭아 등, 사과 등, 대추 등, 홍시 등…….

새싹

작고 여린 싹들이
땅을
뚫습니다.

조금씩
조금씩
조금씩

마침내
온 세상을
차지합니다.

백일기도

백일홍은
백일 동안
붉은 등 켜고
기도하지.

붉은 마음
붉게 피워,
백일 내내
내다 걸지.

수저 값

귀한 손님 올 때에만
상에 오르는 우리 집 은수저,
오늘은 주방 고치는
아저씨 밥상 위에 올랐다.

한사코 손사래 치며
밀어내시지만
아저씨도 귀한 손님이라며
다시 올려놓는 은수저.

늦게까지 수리를 마친 아저씨
수리비 드리자 손사래 친다.
―저도
　수저 값 해야지요.

단비

툭, 투득, 투두둑
반가운 빗방울
떨어지자

푸석푸석
마른 땅 먼지들이
풀썩풀썩 일어선다.

그 속에 푸른 생명들이
아아아~
입을 벌린다.

3부

주문 좀 걸어 줘

개기월식 | 남을 위해서 | 키 크는 이불 | 민달팽이 | 기적
가을 참깨 | 충전과 정전 | 웃음꽃 | 마스크 벗는 그 날에는
참으려고 했는데 | 저녁녘 | 주문 좀 걸어 줘 | 쑥 때문에
기다리고 있었네 | 전학 간 친구 | 백신

개기월식

누구나
한 번쯤은
숨고 싶을 때가 있는 거야.

오늘은
달님이 그래.

창백한
달님 얼굴 보고,

눈치 빠른 지구 아저씨가
슬그머니
가려 주고 있잖아.

★개기월식 : 달이 지구의 그림자에 완전히 가려져 태양의 빛을 받지 못해서 어둡게 보이는 현상.

남을 위해서

신호등에 초록불 켜지면
모두 가지요.

사람도, 강아지도,
차도, 오토바이도.

신호등 저만
가지 않아요.

모두들 잘 건너나
지켜보느라.

키 크는 이불

아이들 이불은
키 크는 이불

자고 나면
다리가 조금 더 길어지고

자고 나면
팔도 조금 더 길어지고

아이들 이불은
뽀득뽀득 자라는 이불.

민달팽이

―집이 없어도 좋아.
―오히려 자유로운걸.

민달팽이가
가네.

홀가분하게
가네.

기적

흙 속에 묻혀 있던
작은 씨앗
하나

나중에 꽃이 되고
열매가 되듯

엄마 품에서 징징거리던
울보
아기

나중에 에디슨도 되고
나이팅게일도 되지.

가을 참깨

나와라!
나와라!

아무리 소리쳐도
모른 척하더니

아얏!
아얏!

회초리 맞고서야
허겁지겁 튀어나오네.

충전과 정전

야근에서 돌아오신 아빠

해가 하늘 꼭대기에서 이글거릴 때까지
코를 고신다.

다 닳은 배터리
충전 중이다.

숟가락 놓자마자
잠에 곯아떨어진 엄마

초저녁부터
정전 중이다.

웃음꽃

소리와 함께 피어나지만
소리 없이도 피어나고

언제든지 피어나지만
어디서도 피어나고

혼자 펴도 좋지만
함께 피면 더욱 좋은

세상에서 제일가는
예쁜 꽃
웃음꽃!

마스크 벗는 그날에는

고운 미소가
다시 피어나겠지?
잃어버린 웃음보도
다시 찾을 수 있을 거야.

아니,
그간 꽁꽁 묶여 있었던
웃음 폭탄들이
폭죽처럼 꽝꽝꽝!
폭발할지도 몰라.

기다리던 그날
마스크 벗는 날!

참으려고 했는데

약한 불에 올린 주전자처럼
처음엔 조금 뜨뜻할 뿐이었어.

그러다가 보글보글 끓더니
나중엔 부글부글 끓어오르는 거야.

마침내 펑!
뚜껑이 열리고 말았지.

그때 함께 튀어나온 거야.
해서는 안 되는 말

―너하곤 다시는 안 놀아!

저녁녘

저녁이 되면
엄마, 아빠 새는
아기 새들 불러 모으느라
바쁘지요.

―어서, 집으로 돌아오렴.
  재재재잭!

우리 집은
아니에요.
언니는 밥하고 나는 청소하며
일 나가신 엄마 아빠 기다리지요.

―엄마, 아빠!
  어서 집으로 돌아오세요.

주문 좀 걸어 줘

사람들은 누구나
자기 안에 거인이 있다는데
내 안에는 조그만 생쥐가 사나 봐.

겁 많고
잘 놀라고
실수하면 숨을 구멍만 찾고.

내 안의 생쥐를
거인으로 바꿀 수는 없을까?

장화 신은 고양이야
주문 좀 걸어 줘

쑥 때문에

아무데서나 쑥쑥쑥
올라온 소문

쑥떡 되어 쑥덕쑥덕
소문을 옮긴다

노총각 수정이 삼촌
장가간 이야기

지난 겨울 돌아가신
뒷골 할배 이야기

쑥쑥쑥 쑥을 뜯으며
쑥덕쑥덕 옮기고

얌얌얌 쑥떡을 먹으며
쑥덕쑥덕 옮기고

기다리고 있었네

시골 갔다가
우연히 들른 폐교

교실도 텅, 복도도 텅
운동장도 모두 텅 비었는데

조용히 책 읽으며
친구 기다리는 소녀상 하나

화단에 혼자
앉아 있었네.

반갑게 나를
맞아 주었네.

전학 간 친구

눈
뜨면
보이지 않던 얼굴

눈
감으니
살포시 떠오르네.

백신

바이러스 이겨내는
백신

나에게도 있단다.

자신감 잃고
두려움에 떨고 있을 때

―넌 잘할 수 있어!
―널 사랑해!

등 두드려 주고 꼭 안아 주는
엄마라는
백신.

4부

칭찬해 주세요

저것 봐 | 아빠 말, 엄마 말 | 칭찬해 주세요 | 새롭고 다르게
모래놀이 시간 | 자동문 | 집짓기 놀이 | 호기심 | 강아지야 | 가위로
릴레이 그늘 | 숨구멍 | 대웅전 문구멍 | 풍경에게 | 줄넘기 시간
키즈 카페 | 빈 의자

저것 봐

키가 작아 불만인 걸
눈치챘나?

오늘은 그림자가
아파트 벽에 쭈욱 늘여 놓았다.

―놀랍다!

그동안 몰랐던
내 키.

아빠 말, 엄마 말

―우렁우렁!

소리 큰
아빠 말보다

―조곤조곤!

소리 낮은 엄마 말이
더 맵지요.

칭찬해 주세요

총, 총, 총
눈총을 맞는다.

─책도 못 읽니?
─발표도 못 하니?

맞을수록
자꾸만
작아지는 나.

팔랑, 팔랑, 팔랑
칭찬이 날아든다.

―상상력이 좋구나.
―친구도 잘 도와주네.

들을수록
쑤욱
쑤욱
커지는 나.

새롭게 다르게

놀이터 미끄럼틀
그냥 타지 않는다.
플라스틱 상자 뚜껑이랑
찢어진 종이박스 깔고 앉아
미끄럼틀을 탄다.
속도가 빨라져
땅바닥에 처박히고 뒹굴기도 하지만
그게 더 재미있다.

놀이터 철봉도
그냥 매달리지 않는다.
갖고 놀던 훌라후프 걸어 놓고
아슬아슬 탄다.
곡예사 줄타기처럼
다리를 걸었다가 앉았다가
그네도 되고, 해먹도 되고,

때론 쑥- 빠져 나뒹굴기도 하지만
또다시 매달린다.

나는 하고 싶다.
다르게!
새롭게!
더 재미있게!

모래놀이 시간

유치원 앞마당에
커다란 모래 놀이터가 생겼어요.

휘어진 국자, 찌그러진 양은 냄비, 낡은 프라이팬, 닳은 밥주걱, 헌 숟가락, 헌 밥그릇……
없는 것 빼고는 다 있어요.

밥하고
국도 끓이고
엄마처럼 지글지글 지짐도 붙이고

―뭐든지 할 수 있어!
―얼마든지 할 수 있어!

오늘은 케이크 만들어
생일잔치를 벌이네요.

자동문

난
걸어 다니는
자동문인가 봐.

네가 가까이 다가오면
<u>스르르</u>
마음이 열리니.

집짓기 놀이

교실에서 집짓기 놀이를 해요.
책상 붙이고
그 위에 의자 올려놓고
삐뚤빼뚤
멋진 집 지어요.

계단은 없어요.
엘리베이터도 없어요.
매트로 미끄럼틀 만들어
매끈하게 내려와요.

문도, 자물쇠도 없지만
마음대로 들락날락할 수 있는
아주, 아주
편안한 집이어요.

호기심

남의 집 방문할 때
엄만 당부부터 하시지.
―제발 좀 가만있어!

그런데 말이야,
자꾸만 엉덩이가 들썩대는 거야.
우리 집과
다른 게 너무너무 많거든.

두리번두리번
화장실 핑계로 왔다 갔다 하다가
엄마 눈총 맞기 일쑤지.

뭐가 그리 궁금하냐고 물으면
이렇게 대답하지.

─전부 다요, 엄마.

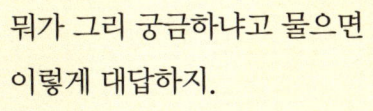

강아지야

엄마도
아빠도
누나도
모두 널 귀여워하지만.

천만에, 강아지야.

넌 내 다음이야.
제발, 안기려고
꼬리 좀
그만 쳐.

가위로

가위로 싹둑
자르고 싶대.

할머닌 나이를
아빠는 세금을
엄마는 스트레스를
형은 숙제를.

나도 있지.
엄마 잔소리.

릴레이 그늘

땡볕을 견딘 산이
대견했나 봐요.
구름이
그늘을
드리워 주네요.

그늘 속에서 산이
힘을 차리네요.
산도 누군가의
그늘이
되어 주려고요.

숨구멍

꽁꽁 언 연못에도
어딘가
작은 숨구멍이 있다죠.
겨울에도 연못이 살아 있는 건
바로
그 숨구멍 때문이라죠.

나에게도
숨구멍이 있죠.
슬플 때나
괴로울 때나
늘 찾는
엄마라는 숨구멍이지요.

대웅전 문구멍

작은 구멍이라고
얕보지 마세요.

한눈에
세상을 다 보는 부처님을

저는 요 작은 구멍으로
들여다보거든요.

풍경에게

처마 끝에 매달린 물고기야.
그렇게 너무
발버둥만 치지 마.

이 태풍
지나고 나면

너를 붙잡아 준 처마가
얼마나 고마운지
잘 알게 될 거야.

줄넘기 시간

팔짝팔짝 뛸 때마다
휙휙! 나를
뛰어넘던 줄,

잠깐 한 눈 팔았다고
척! 내 뒤통수를
내리치네.

키즈 카페

청소, 설거지
마치자마자

아이와 함께
달려온 엄마들.

아이들은 아이들끼리
엄마들은 엄마들끼리

재잘재잘!
쫑알쫑알!

아이들도 풀어 놓고
수다도 풀어 놓고.

★키즈 카페 : 놀이시설 해놓고 간식 사먹으며 놀 수 있는 아이들 카페.

빈 의자

아저씨는 웃었습니다.
어릴 때부터 구두 닦고 수선하며
아껴 모은 돈 7억 원 선선히 내놓고
아저씨는 환하게 웃었습니다.

이제 고된 일 그만두고
편한 의자에 기대어 쉴 수도 있지만
아저씨는 그러질 않았습니다.
그러자는 가족들의 만류도 물리쳤습니다.

더 힘들게 사는 사람이 많은 세상
그 사람들 잠시라도 편하게 쉬어가도록
자신의 의자 선선히 내놓고
스스로 빈 의자 되신 아저씨.

아저씨의 웃음이
TV 화면을 출렁이게 했습니다.
더 힘든 사람들 향해 손 흔드는
아저씨의 웃음이 하늘처럼 맑아 보였습니다.

★경기도 파주에서 어려운 이웃을 돕겠다며 전 재산 7억 원을 모두 내놓은 김병록 아저씨 이야기.

동심으로 녹여낸 삶의 노래

홍기(문학평론가)

최진 시인의 세 번째 동시집 『칭찬해 주세요』 발간을 축하한다. 최 시인은 오래 전부터 필자와 인연을 맺어 왔다. 동화구연가로 왕성하게 활동하던 시절, 내가 근무하던 학교에 찾아와 아이들에게 낭랑한 목소리로 동화를 들려주곤 했다. 그때의 고마움이 아직까지 마음에 남아 있다.

최 시인은 『아동문학평론』 신인문학상과 새벗문학상 당선으로 문단에 나왔다. 첫 번째 동시집 『선생님은 꿀밤나무』는 한국동시문학회의 '올해의 좋은 동시집'과 한국아동문학협회의 '우수 동시집', 그리고 한국어린이교육문화원의 '으뜸책'으로 선정되는 영광을 누렸다. 두 번째 동시집 『빗방울의 말』도 역시 아주 좋은 평을 얻어 시인으로서의 위치를 굳건히 했다.

2009년에는 한국문화예술위원회 창작지원금을 받았고, 2012년에는 한국아동문학인협회 우수작품상을, 2013년에는 영남아동문학상을 받았다. 지금은 새바람아동문학회 회장과 한국아동문학인협회 이사로 활동하고 있다.

 아시다시피 동시는 주 독자인 어린이를 위한 문학의 한 장르다. 어린이가 쓴 시가 아니라 어린이를 위해 쓴 시를 말한다. '동시도 시다'란 말이 유행하던 때가 있었다. 이는 어린이 수준의 동시가 남발되는 걸 경계하기 위해 나온 말이다. 사실 지은이를 막아 놓으면 어린이가 쓴 시인지, 시인이 쓴 시인지 구분이 가지 않는 시도 적잖이 발표되었다.

 동시도 시의 품격과 완성도를 그대로 유지해야 한다. 이는 일반 시와 마찬가지로 시의 구성 요소를 완벽히 갖추고 있어야 한다는 말이다. 동시가 일반 시와 구분되는 점은 독자층이 어린이까지 확대된다는 것이다. 그래서 어쩌면 동시 쓰기가 일반 시 쓰기보다 더 어려울 수도 있겠다.

 최 시인은 아주 쉬운 말로 삶의 가치를 녹여내는 비상한 재주를 가지고 있다. 그래서 독자는 시를 읽는 동안 자신도 눈치채지 못하는 사이 삶의 긍정적인 면으로 눈길을 돌리게 된다. 주로 사용되는 글감이 자연물이나 자연현상, 또 일상의 작은 일일지라도 그것은 반드시 삶과 결부된다. 최 시인은 삶에서 만나는 어떠한 고난도 아름다운 가치로 승화시킨다. 그것은 기독교적 사랑을 바탕에 깔고 있기에 가능하다.

 최 시인이 쓴 시는 몇 가지 뚜렷한 특징을 가지고 있다. 시가 동적이라기보다는 정적이어서 여성다운 섬세함과 부드러움이 두드러진다. 그래서 표현이 간결하다. 간결한 표현은 이미지

연결이 쉬워 시를 이해하는 데 도움을 준다. 또 아주 서정적이다. 서정적인 시는 사람이 가지고 있는 원초의 감성을 자극하여 일종의 향수를 불러일으킨다. 최 시인의 시를 읽으면 아련한 추억 속으로 잠겨드는 듯한 느낌을 받는 것도 그 때문이다.

사물을 바라보는 시선도 따뜻하다. 이런 시선 안에서는 어떤 부정적인 편견도 봄눈 녹듯 사라져, 시를 읽다 보면 어느덧 가슴이 잔잔해져 온다. 또 한 가지 간과할 수 없는 것은 시 안에 단단한 알맹이 하나 품고 있다는 사실이다. 이를 삶의 지혜라고 해도 좋고 긍정의 가치라고 해도 좋다. 다만 그것을 발견하여 끄집어내는 것은 오로지 독자의 몫이다. 이쯤에서 시인의 시를 감상해 보자.

어린 새싹들

다칠까
봐

보슬보슬 꽃발로

내리는
비.

―「보슬비」

시인의 시선은 비가 내리는 광경에 머물러 있다. 비는 자연 현상의 하나일 뿐이지만 시인은 거기에 특별한 의미를 부여한다. 가늘고 성기게 조용히 내리는 모양을 나타내는 '보슬보슬'이란 말과 조용하고 조심스러운 '꽃밭'의 이미지를 활용하여 상대에 대한 배려의 마음을 한껏 드러내고 있다. 거기에 대한 어떤 설명은 없지만 읽는 사람은 누구나 그렇게 느낀다. 이렇게 시인은 아주 짧은 말로 아주 무거운 주제를 호소력 있게 전하고 있다.

바람 한 점 없는 하늘에
새 한 마리 날아가네.

땀 흘리는 농부
눈에 띈 걸까?

파닥파닥
두 날개

부채질하며
가네.

—「더운 날」

현대는 개인주의 성향이 두드러져 정이 메말라가는 사회다.

시인은 어쩌면 그런 사회에 대한 경고의 메시지를 던지고 있는지도 모른다. 새의 날갯짓을 부채질로 형상화하여 농부와 새 사이에 사랑의 실핏줄이 흐르게 했다. 무심하게 넘겨 버릴 수 있는 삶의 한 장면에 따뜻한 의미가 부여되어, 읽는 이의 가슴은 자신도 모르는 사이에 훈훈해진다. 이렇듯 사물을 바라보는 시인의 눈은 맑고 투명하다.

    겉으로 보이는 도깨비 뿔은 무섭지 않아.
    정말 무서운 건 사람 뿔이야.

    보이지 않는 마음속에서 작게 돋아나지만
    놔두면 무럭무럭 자라 엄청난 뿔이 되지.

    작은 가지나 잎을 들이받던 뿔,
    맙소사!
    나중엔 기둥을 들이박고 뿌리까지 뽑아내는 뿔이 되고 말지.

—「뿔」

증오나 분노, 원한 등 '나쁜 마음'은 남을 해치고 결국은 스스로를 파멸시킨다. 그래서 그런 마음은 애초에 싹을 잘라 버려야 한다. 그대로 두면 자꾸만 커져서 마침내는 어지간한 노력으로도 감당하기 힘들게 된다. 시인은 마음속의 나쁜 것들을 도깨비 뿔보다 무서운 뿔이라 표현하고 있다. 누구든 이런 경고

의 메시지를 대하면 스스로 마음을 다스리는 방법을 찾고 싶어
질 것이다.

    흙 속에 묻혀 있던
    작은 씨앗
    하나

    나중에 꽃이 되고
    열매가 되듯

    엄마 품에서 징징거리던
    울보
    아기

    나중에 에디슨도 되고
    나이팅게일도 되지.

―「기적」

    어린이는 모든 가능성을 숨기고 있다. 그런데 어른들은 겉으로 드러나는 모습만으로 평가하려 한다. 생김새와 성격과 학업 성적과 주위 환경을 평가의 기준으로 삼는다. 하지만 그 평가는 틀릴 확률이 높다. 왜냐하면 씨앗만 두고 볼 때, 그 꽃과 열매를 가늠할 수 없기 때문이다. 이 시는 어린이의 무한한 가능

성을 존중해 달라는 메시지를 담고 있다.

    야근에서 돌아오신 아빠

    해가 하늘 꼭대기에서 이글거릴 때까지
    코를 고신다.

    다 닳은 배터리
    충전 중이다.

    숟가락 놓자마자
    잠에 곯아떨어진 엄마,

    초저녁부터
    정전 중이다.

―「충전과 정전」

  이 시는 정반대의 비유를 통하여 극적 효과를 거두고 있다. 똑같은 잠인데 아빠의 잠은 '충전'으로, 엄마의 잠은 '정전'으로 비유했다. 아버지는 다시 일터로 나가야 할 것이므로 힘을 비축해 두어야 한다. 그래서 충전이 당연하다. 정전이란 말은 전기가 끊어졌음을 의미함으로 힘든 집안일에 완전히 녹초가 된 엄마의 상태를 뜻한다. 시인은 밥하랴, 빨래하랴, 청소하랴, 아

기 돌보랴 하는 등 수만 가지 집안일을 도맡아 해야 하는 엄마
의 어려움을 은근히 대변하고 있다.

>   귀한 손님 올 때에만
>   상에 오르는 우리 집 은수저.
>   오늘은 주방 고치는
>   아저씨 밥상 위에 올랐다.
>
>   한사코 손사래 치며
>   밀어내시지만
>   아저씨도 귀한 손님이라며
>   다시 올려놓는 은수저.
>
>   늦게까지 수리를 마친 아저씨
>   수리비 드리자 손사래 친다.
>   ―저도
>   수저 값해야지요.
>
>   ―「수저 값」

　가는 말이 고와야 오는 말이 곱다는 속담이 있다. 이쪽에서
사랑을 베풀면 저쪽에서 메아리를 일으켜 사랑을 되돌려준다.
그런 세상은 얼마나 따뜻할 것인가. 그러기에 이 시를 읽으면
한편의 잔잔한 동화를 읽는 느낌이 드는 것이다. 서로가 서로

에게 기대지 않으면 세상살이가 아주 팍팍할 것이다. 배려하고 존중하는 마음은 좋은 세상의 필수조건이다. 눈치챘겠지만 시인이 꿈꾸는 세상은 더불어 사는 세상이다.

총, 총, 총
눈총을 맞는다.

─책도 못 읽니?
─발표도 못 하니?

맞을수록
자꾸만
작아지는 나.

팔랑, 팔랑, 팔랑
칭찬이 날아든다.

─상상력이 좋구나.
─친구도 잘 도와주네.

들을수록
쑤욱
쑤욱

커지는 나.

―「칭찬해 주세요」

'칭찬은 고래도 춤추게 한다.'는 말을 염두에 두고 이 시를 읽으면 더욱 빨리 이해된다. 부정적인 말은 어린이를 위축시켜 자신감을 상실하게 하며 더욱 의존적이게 한다. 그래서 소심하고 소극적이 될 수밖에 없다. 반면에 긍정적인 말은 용기를 북돋워 자신감에 차게 하며 자기 주도적이게 한다. 그래서 대범하고 적극적이 된다. 시인은 이런 면을 염두에 두고 어린이의 편에 서서 어린이를 대변하고 있다.

아저씨는 웃었습니다.
어릴 때부터 구두 닦고 수선하며
아껴 모은 돈 7억 원 선선히 내놓고
아저씨는 환하게 웃었습니다.

이제 고된 일 그만두고
편한 의자에 기대어 쉴 수도 있지만
아저씨는 그러질 않았습니다.
그러자는 가족들의 만류도 물리쳤습니다.

더 힘들게 사는 사람이 많은 세상
그 사람들 잠시라도 편하게 쉬어가도록

자신의 의자 선선히 내놓고
　　스스로 빈 의자 되신 아저씨.

　　아저씨의 웃음이
　　TV 화면을 출렁이게 했습니다.
　　더 힘든 사람들 향해 손 흔드는
　　아저씨의 웃음이 하늘처럼 맑아 보였습니다.

　　　　　　　　　　　　　―「빈 의자」

　이 시는 시집의 마지막에 실린 시로 구두닦이 김병록 아저씨의 이야기다. 그는 살아오면서 이웃에게 많은 선행을 베풀었다. 7억 원이란 돈은 사실 그의 전 재산이나 마찬가지다. 그런데 시인은 왜 이 사실을 독자에게 알리려고 했을까. 그것은 '선한 영향력' 때문이다. 이 시를 읽은 독자 가운데 단 한 사람에게라도 똑같은 마음이 싹트게 된다면 시인의 의도는 성공적이다.

　이렇게 이 시집의 시를 몇 편 감상해 보았다. 감상에서 제외된 나머지 시들도 비슷한 수준의 완성도를 지니고 있다. 시의 3요소는 보통 운율, 심상, 주제를 뜻한다. 운율은 읽을 때 느끼는 음악적 리듬감이고, 심상은 언어의 이미지를 통해 일어나는 감정이나 상상력이며, 주제는 앞의 두 가지를 통해 전달되는 의미를 말한다.

　시를 감상할 때 이 세 가지 요소에 비추어 보는 것도 좋은 방법이 될 것이다. 첫째, 시를 읊조릴 때 시적인 리듬감이 느껴지는가. 둘째, 시에 사용된 언어가 어떤 이미지를 만들어 내며, 또 마음속에서 어떤 감정을 불러일으키는가. 셋째, 시인이 표현하고자 하는 메시지는 무엇인가. 이런 면에 주의를 기울이면 감상이 한층 깊이를 더할 것이다.

 좋은 시 한 편은 독자로 하여금 그 삶을 완전히 바꾸어 놓게 할 수도 있다. 해결이 불가능해 보이는 갈등을 완화시키고, 벼랑 끝의 절망을 딛고 일어서게 하며, 새로운 용기를 불어넣어 삶을 황금빛으로 물들이기도 한다. 그게 시의 힘이다. 좋은 시를 만나는 건 행운을 잡는 일이다.

 절제의 미가 뛰어난 최 시인의 시를 읽고 나니, 나 자신이 깨끗이 정화된 듯하다. 한 편의 시가 탄생하기까지의 고충을 알고 있기에 그 감동이 더욱 크다. 시간이 지남에 따라 곡식이 여물어 가듯, 연륜이 보태어짐에 따라 최 시인의 시도 더욱 여물어 갈 것이라고 믿어 의심하지 않는다. 그때의 시는 지금과 또 다른 모습을 하고 있을 것이다. 벌써부터 네 번째 시집이 기다려진다. 다시 한 번 최 시인의 세 번째 동시집 『칭찬해주세요』 발간을 축하한다.

시읽는 어린이

- 99 딸가닥딸가닥 김명희 동시집 2018년 2차 문학나눔 선정
- 100 판다와 사자 박방희 동시집
- 101 내 친구 상어 백두현 동시집 2019년 1분기 문학나눔 선정
- 102 집 속의 집 김후명 동시집
- 103 말처럼 달리고 싶은 양말 박희순 동시집
- 104 뻥튀기 뻥야 임성화 동시조집
- 105 엘리베이터에서 만났다 권옥·양현미·이창순·주미라 동시집
- 106 알파고의 말 이옥용 동시집
- 107 바다가 튕겨 낸 해님 박희순 동시집 교과서 동시 수록 (초등 5-2)
- 108 나비 도서관 이재순 동시집
- 109 짚신 신고 시간 여행 주설자 동시집
- 110 지구본 택배 윤삼현 동시집 2019년 4분기 문학나눔 선정 / 제39회 조연현문학상 수상
- 111 하느님의 빨랫줄 구옥순 동시집 제20회 최계락문학상 수상
- 112 후비적후비적 한현정 동시집
- 113 힘센 거짓말 차경아 동시집
- 114 얼룩말 피아노 오지연 동시집
- 115 우리 아빠만 그런가요? 서금복 동시집
- 116 햇빛 세탁소 양은정 동시집 2020년 2분기 문학나눔 선정
- 117 봄비는 모른다 우남희 동시집